ESTE ORÁCULO É DE USO PARTICULAR DE:

_____

_____

FOI ADQUIRIDO/PRESENTEADO EM:

_____

*Dê um oráculo a quem você ama,
apreca ou respeita:
o universo retribuirá três vezes mais!*

NEI NAIFF

Consulte as RUNAS

5ª EDIÇÃO

Rio de Janeiro | 2015

CIP-Brasil. Catalogação na fonte
Sindicato Nacional dos Editores de Livros, RJ.

N148c
5ª ed.
Naiff, Nei (Claudinei dos Santos), 1958-
Consulte as runas / Nei Naiff. – 5ª ed. – Rio de Janeiro: Best*Seller*, 2015.

ISBN 978-85-7701-134-6

1. Runas. 2. Oráculos. I. Título.

05-1418

CDD – 133.33
CDU – 133.3:003.345

Copyright © 2004 Nei Naiff

Capa: Julio Moreira

Texto revisado segundo o novo Acordo Ortográfico da Língua Portuguesa.

Todos os direitos reservados. Proibida a reprodução, no todo ou em parte, sem autorização prévia por escrito da editora, sejam quais forem os meios empregados.

Direitos exclusivos desta edição reservados pela
EDITORA BEST SELLER LTDA.
Rua Argentina 171 – Rio de Janeiro, RJ – 20921-380 – Tel.: 2585-2000

Impresso no Brasil

ISBN 978-85-7701-134-6

Seja um leitor preferencial Record.
Cadastre-se e receba informações sobre nossos lançamentos e nossas promoções.

Atendimento e venda direta ao leitor:
mdireto@record.com.br ou (21) 2585-2002

Como surgiu esta obra?

Ela nasceu de uma experiência na Internet com o Oráculo Virtual do Tarô, que desenvolvi em novembro de 1999 para compor o site www.neinaiff.com. Após mais de 1 milhão de consultas on-line, foram elaborados outros sistemas baseados na mesma estrutura técnica. Assim, por meio daquele método seguro de respostas objetivas, nasceu este projeto oracular, com o tarô, as runas e o I Ching.

Este livro funciona?

Talvez esta seja uma das grandes perguntas do mundo esotérico. Posso, ou melhor, podemos dizer que sim! O sistema espiritual não está baseado em nosso plano físico, tangível, tridimensional. Você já deve ter ouvido falar ou já estudou que a energia do pensamento pode alcançar o outro lado do mundo em fração de segundos, ou também que podemos nos projetar e melhorar nossa qualidade de vida conectando-nos com a Fonte Divina. Mas onde está Ela? A 300 bilhões de anos-luz? Ao nosso lado? No altar da igreja? Com certeza estará sempre onde desejarmos, inclusive nas páginas deste pequeno livro.

Tarô, runas e I Ching são símbolos mágicos que o homem aprendeu a ler ao longo dos tempos. Todos os oráculos são aplicações de estudos profundos de um sistema de probabilidades da vida. A espiritualidade e a mágica do tarô se encontram na escolha das cartas, a das runas em suas pedras e do I Ching em seus trigramas! Escolhas mágicas e espirituais? Sim, porque suas interpretações e orientações são puramente técnicas.

O QUE SÃO AS RUNAS?

O oráculo das runas representa o antigo alfabeto nórdico usado pelos povos germânicos, anglo-saxões e *vikings*. Os antigos contam que o deus Odin, após receber a sabedoria das 24 runas, as distribuiu entre três deuses: Freyr, o senhor da prosperidade; Hagal, o conselheiro sábio; e Tyr, o jovem guerreiro. Depois, Odin criou sua própria runa: a vigésima quinta, que é branca, sem símbolo. As runas eram respeitadas por todos os povos nórdicos e usadas, exclusivamente, por um xamã ou uma sacerdotisa que se chamava "Mestre das Runas, ou Runemal".

Atualmente o sistema rúnico tende mais para uma orientação do que para uma previsão, pois norteia as perguntas e situações desejadas. Suas mensagens chamam a atenção para as forças ocultas que estão moldando o futuro. Contudo, nesse contexto, suas respostas não eximem o consulente de sua responsabilidade em escolher o próprio destino.

Portanto, a função principal das runas é tornar conscientes os caminhos que estão sendo traçados. Assim, o consulente, a qualquer momento, pode decidir se continua ou não com seu desejo ou planejamento.

Para este livro ser mais dinâmico em sua proposta oracular, optei por eleger as principais probabilidades de mensagens positivas (runas em posição normal), negativas (runas em posição invertida) e mágicas (runas encantadas).

Existem várias técnicas de leitura com as runas, contudo estaremos usando o mais antigo método conhecido: A Runa de Odin — a escolha de uma única runa para uma orientação pessoal. Esse método é indicado para elucidar questões que não exijam muitas explicações, nem admitam hipóteses muito complexas.

Como usar este livro?

Você pode levá-lo em sua bolsa, ao trabalho, à escola, na viagem... Assim, quando precisar, terá uma ajuda muito especial. O método de uso deste oráculo é simples: *pense na questão desejada ou formule uma pergunta clara e objetiva, respire fundo, visualize a situação, vire o livro fechado várias vezes e abra numa página qualquer. Leia atentamente a resposta e medite sobre o seu significado.* É aconselhável não perguntar várias vezes sobre a mesma situação, pois a primeira resposta é sempre a verdadeira. Acredite nela e busque seu sucesso.

Boa sorte em sua jornada!

Abra o livro
sagrado
das Runas
e seja feliz!

Poderoso Odin,
forneça uma
resposta clara
e precisa à
minha questão.

GEBO (Runa Encantada)

 deus Freyr revela:

"Para conseguir o que deseja é preciso buscar a harmonia e a reciprocidade."

 deus Odin diz:

"Jogue as
runas mais
tarde que lhe darei
uma resposta."

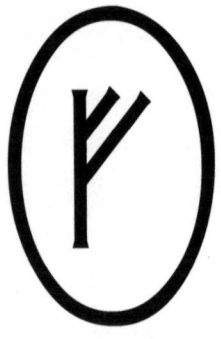

FEHU (Runa Encantada)

 deus Freyr revela:

"Se é isso que você quer, é isso que você terá, mas seja prudente."

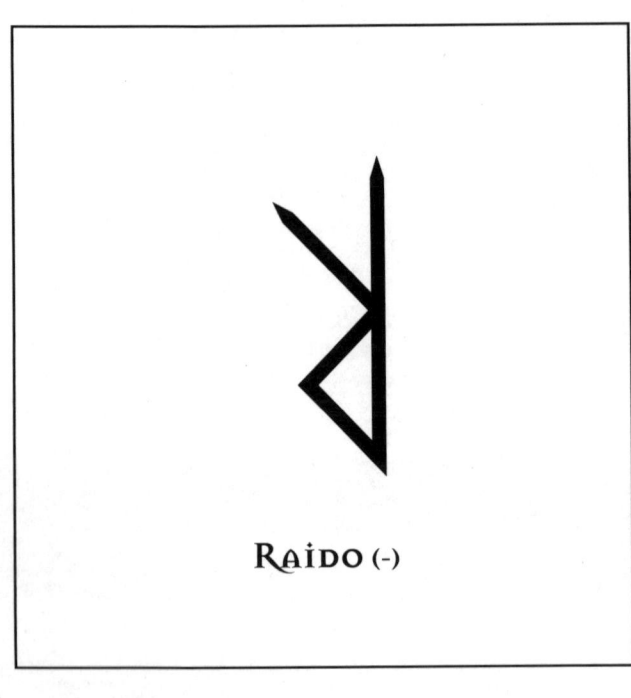

Raido (-)

Obstáculos, rivalidade, discussões e momentos difíceis. O que você deseja não é o que a outra parte quer. Em todo caso, tenha bom senso, respeite a opinião alheia, não seja inflexível e siga em frente. Busque novos caminhos e oportunidades.
Em breve outras situações lhe trarão felicidade. Outras.
Tenha paciência e seja moderado.

O que você deseja não pode ser realizado ou concluído neste momento, pois uma nova etapa irá começar. Renascimento, autotransformação ou a passagem para um outro ciclo de vida está se aproximando. Se estiver em dificuldades, não se desespere, pois a luz logo surgirá. O Universo conspira para um novo crescimento, um novo caminho. Tenha fé.

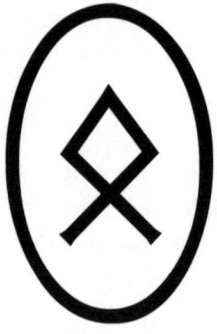

OTHILA (Runa Encantada)

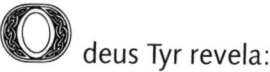 deus Tyr revela:

"O melhor para você
é encontrar novos
caminhos. Liberte-se."

Siga sua intuição, pois neste momento o universo espiritual estará lhe ajudando. Proteção divina e sorte são aspectos que permeiam seu destino neste instante. Período de prosperidade, progresso em todas as áreas de sua vida. Tudo tende a se realizar. Então, que tal reavaliar e buscar sempre o melhor? Seja feliz com o que está solicitando.

HAGALAZ (Runa Encantada)

O deus Hagal revela:

"Não desanime, mas busque outro caminho. Não há mal que dure para sempre."

ALGIZ (+)

Tenha autocontrole já!
Não seja nem pessimista,
nem otimista, apenas lide com a
realidade. Nem mais, nem menos.
Sua vida está mudando e novas
oportunidades ou desafios
aparecerão. Neste momento viva
tanto a dor quanto a alegria, mas não
se fixe em nenhuma delas. Tudo é
passageiro e tudo irá se equilibrar.
Você terá sucesso, calma.

Wunjo (-)

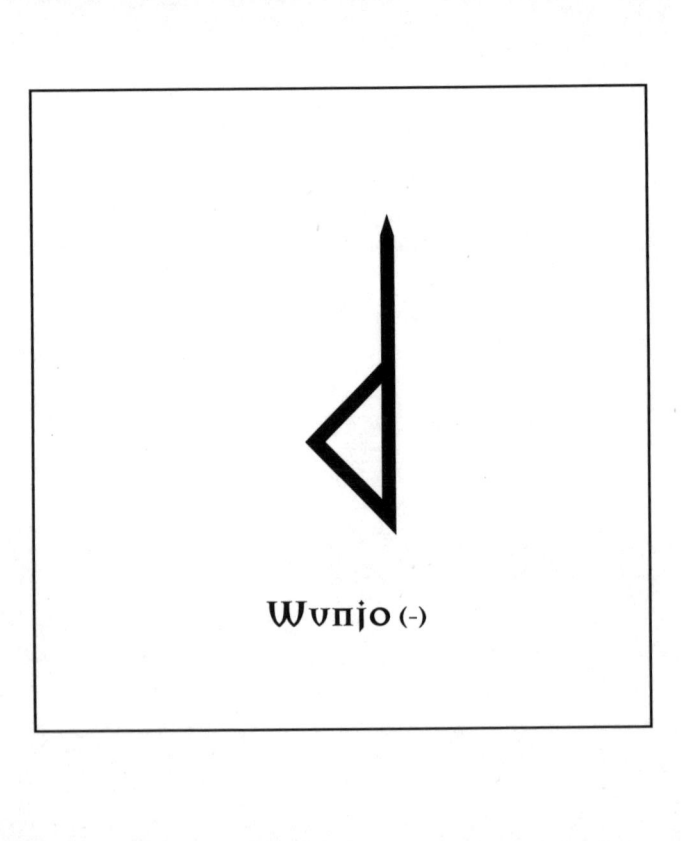

Dúvidas podem atrapalhar a felicidade e a ansiedade pode desestruturar sua autoconfiança. Às vezes, as situações demoram a ser resolvidas, por isso são necessárias a reflexão, a paciência e a serenidade. Tudo é passageiro e nada se manterá como se encontra. Desenvolva sua criatividade e encontre novos caminhos para ter sucesso.

BERKANA (-)

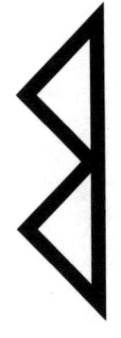

Impossibilidade, impedimento, interferências. Para que insistir em algo que está fadado a não dar certo? Não lute contra o seu destino. Neste momento você deve rever seu desejo e reestruturar sua vida. O bem-estar surgirá no momento em que você ouvir sua razão. O bloqueio existe para que você encontre seu verdadeiro e feliz caminho.

A deusa Idum diz:

"Não há resposta.
Abra o oráculo
mais tarde."

URUZ (Runa Encantada)

O deus Freyr revela:

"Chegou o momento
de recomeçar e
buscar outro caminho."

Nauthiz (+)

Querer é poder, mas nem
sempre podemos realizar.
Existem limitações e inúmeros
obstáculos para se chegar onde se
deseja. Reconsidere, verifique
se é realmente importante
ter exatamente o que almeja.
Liberte-se de sua vaidade, de sua dor,
de sua fixação. Abra seu coração
e busque outro caminho, será
mais reconfortante.

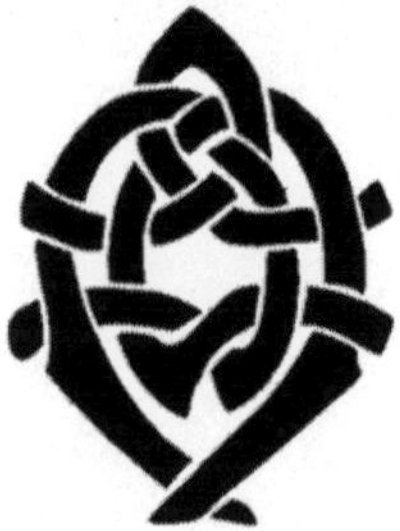

O guardião Mimir diz:

"Não há uma resposta definitiva. Sábio é aquele que consegue esperar."

Ναυthiz (Runa Encantada)

O deus Hagal revela:

"Pare agora com seus
desejos e resgate
seu amor-próprio
antes de tudo."

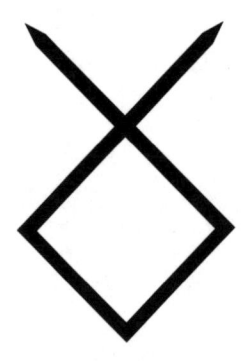

Othila (-)

Não faça nada sem pensar, não negligencie nenhum pormenor. Também não é o momento para se agarrar aos velhos ideais ou padrões. É possível que tenha de enfrentar adversidades ou buscar novas fórmulas. Apesar de todas as dificuldades, você ainda tem condições de encontrar uma solução. Deixe a situação fluir...

Inguz (Runa Encantada)

O deus Tyr revela:

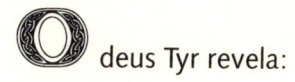

"Para conseguir o que
deseja é necessário
renovar sua visão
da vida, sua alma."

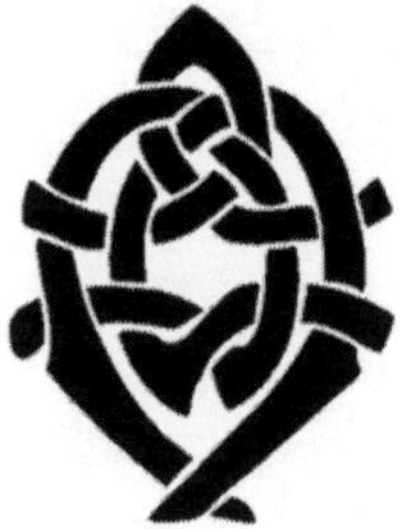

O soberano dos elfos, Dain, diz:

"Por que pergunta se fará de qualquer jeito?"

Mannaz (-)

O bloqueio existe e a impossibilidade também.
Não é o momento para seguir adiante ou adquirir o que se deseja.
Olhe para dentro de si, reveja seus ideais e desejos. É aconselhável romper com os hábitos antigos.
Uma nova oportunidade estará surgindo em breve. Portanto, liberte-se, renove-se e busque uma nova forma de viver.

Mannaz (Runa Encantada)

O deus Tyr revela:

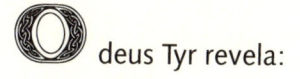

"Para conseguir o
que deseja é
preciso ter equilíbrio,
boa vontade e
autocontrole."

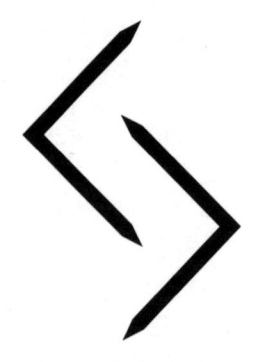

JERA (+/-)

Tudo o que você deseja é possível realizar ao longo do tempo, mas não neste momento, agora. A vida é como um rio, não se pode acelerar sua correnteza natural. Tudo tem seu tempo, hora e lugar certo. Aguarde, mas esteja aberto a outras situações enquanto esta não se concretiza. Seja confiante e paciente que colherá os bons frutos que anseia.

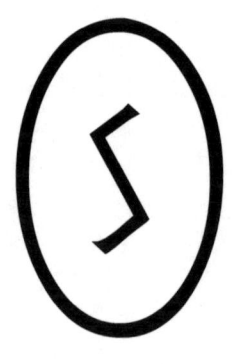

Eihwaz (Runa Encantada)

O deus Hagal revela:

"Para conseguir o
que deseja é
necessário ter paciência
e prudência."

GEBO (+/-)

Liberdade, livre-arbítrio e realização. Neste momento tudo é possível. União, sociedade, harmonia, encontro. Todos os desejos podem ser realizados, todos os problemas serão solucionados. Contudo, a reciprocidade e a fraternidade devem surgir a partir de você, agora e sempre. Aproveite o momento de paz e equilíbrio.

Ansuz (+)

Bons ventos sopram a seu
favor, mas provavelmente
será por outro caminho. Existe uma
nova oportunidade que surgirá
em breve, um novo fluxo de vida.
Autotransformação e a integração
entre o pensamento e o sentimento
devem ser assimiladas. Não se
preocupe, pois se não der
certo o que deseja, uma nova
situação aparecerá.

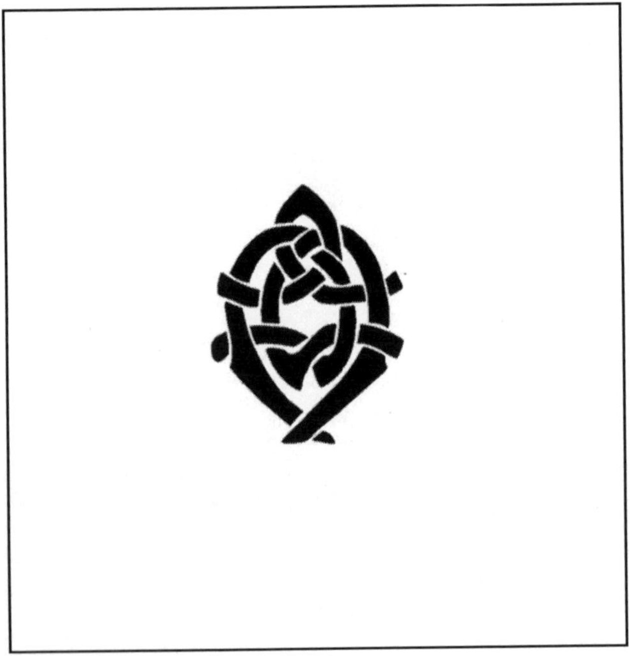

A deusa Freya diz:

"Essa questão não pode ser respondida neste momento. Tente novamente amanhã."

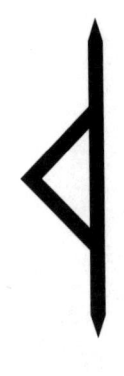

Thurisaz (-)

Por que está desejando
algo que lhe trará infelicidade
e arrependimento? Há muita
ansiedade e fixação num ideal
que não está em seu destino.
Se continuar, encontrará maus agouros.
Se mudar de atitude e planejamento,
chegarão bons auspícios. Modere
seus impulsos, tenha prudência,
modere suas atitudes.
Pare, espere outras chances.

FEHU (+)

Satisfação garantida ou sua antiga vida de volta! Tudo é possível: realizar, dissolver, mudar, voltar... E se não der certo, novas alternativas surgirão! Vitória absoluta, alegria e felicidade no que se deseja. Preserve suas conquistas, não seja fútil ou vaidoso. Lembre-se sempre: para manter a sua felicidade é necessária uma boa dose de responsabilidade!

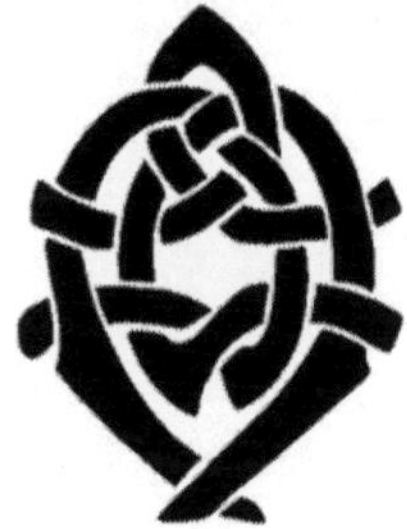

O deus Tyr diz:

"A questão não foi formulada corretamente. Seja mais preciso."

PERTH (+)

A renovação é o sentido da vida porque nada permanece igual perante a eternidade. Buscar novos caminhos neste momento é salutar, e a única forma de prosperar. Apesar de todas as dificuldades, existe uma possibilidade de que tudo dê certo. Mas o autoconhecimento deve prevalecer sobre todos os aspectos exteriores.

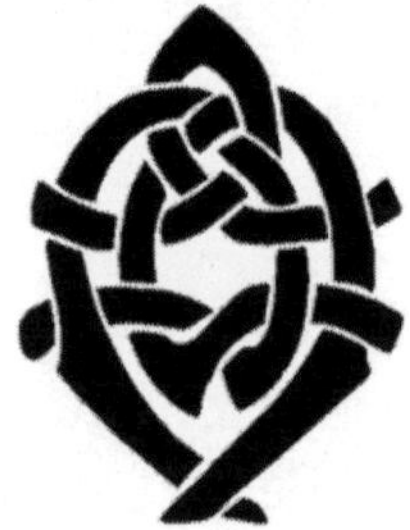

O deus Hoenir diz:

"Pergunte novamente,
pois a questão não
foi bem formulada."

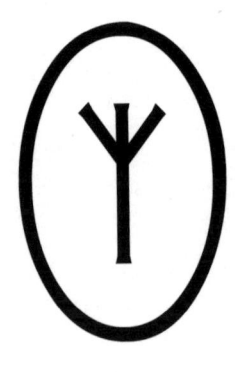

Algiz (Runa Encantada)

O deus Hagal revela:

"Para conseguir o que deseja é preciso ter autocontrole e perseverança."

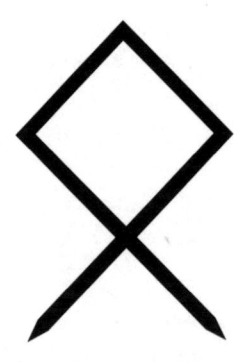

OTHILA (+)

Liberte-se do que está desejando ou pensando, pois este não será um bom caminho. Momento de buscar novos rumos, novas propostas de vida. Tudo pode se tornar extremamente difícil se continuar a agir da mesma forma ou na mesma situação. Mudar, mudar, transformar, transformar, essas são as únicas condições para a sua felicidade.

Wunjo (Runa Encantada)

O deus Freyr revela:

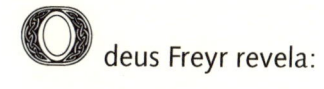

"Os seus desejos foram
ouvidos e serão
atendidos. Seja feliz."

Ansuz (-)

O caminho é árduo, os obstáculos são visíveis.
Você tem a sensação de que nada dará certo. Também é possível que esteja preocupado com a falta de integração em sua vida.
Não desista, continue seus passos, mesmo que sejam lentos.
Não rejeite o que lhe é oferecido, mesmo que não goste ou que seja muito pouco. Avante, esperança!

Jera (Runa Encantada)

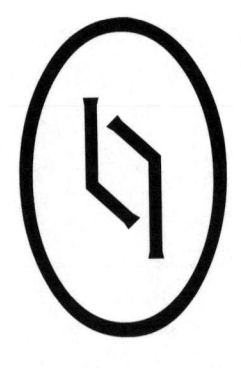

O deus Hagal revela:

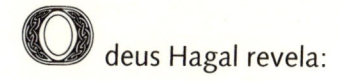

"Tudo acontecerá
no tempo certo.
Continue confiante para
chegar onde deseja."

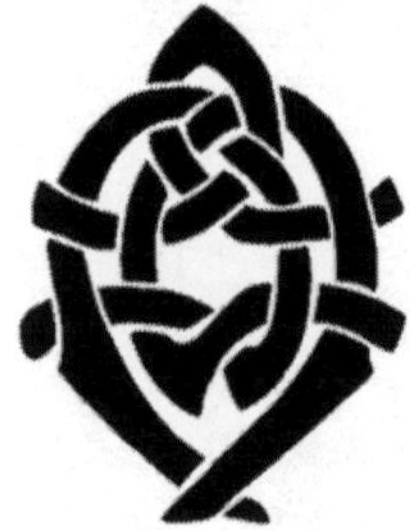

O deus Loki diz:

"Jogue novamente."

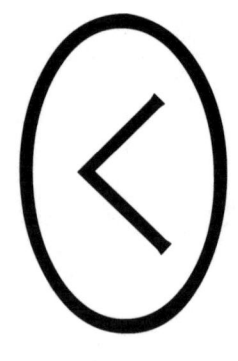

Kano (Runa Encantada)

O deus Freyr revela:

"Sua provação
terminou. Novos
tempos felizes chegarão."

İSA (+/-)

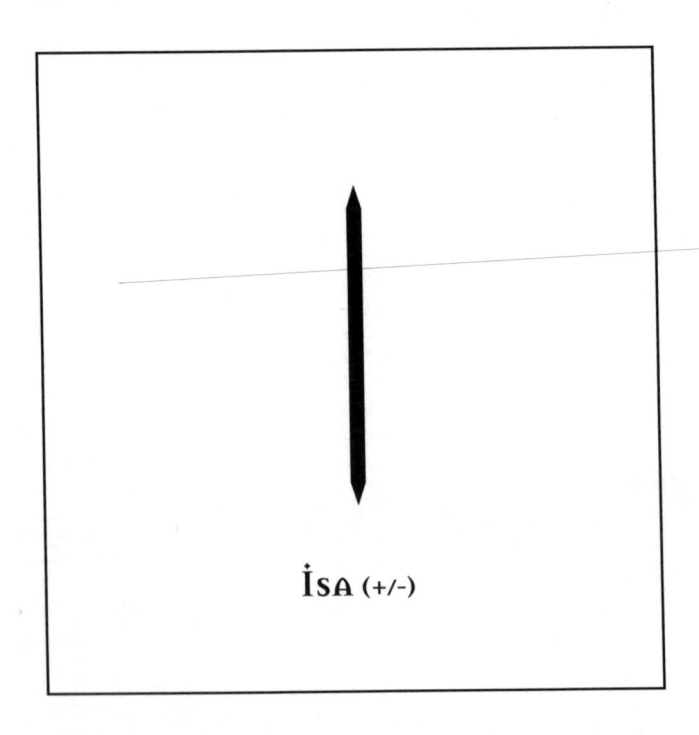

Momento difícil.
Você nada poderá
fazer além de aguardar os
acontecimentos. Não será
possível, neste momento,
realizar o que deseja. Lembre-se
que nada depende de você,
portanto seja cauteloso,
moderado, paciente.
Mas o melhor é buscar
uma alternativa, um outro
caminho. Tenha fé.

Teiwaz (Runa Encantada)

O deus Tyr revela:

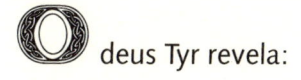

"O caminho é certo, mas a batalha é longa. Depois virá a vitória."

Inguz (+/-)

Uma nova vida se inicia. Serão tempos de alegria se souber aproveitar. Seja qual for sua questão, faça dela uma prioridade absoluta. Tempo de prosperar, lucrar, unir, obter o que se deseja. Novos caminhos se abrem, novas ofertas se anunciam. Renove-se, regozije-se, agradeça a Deus por estar resolvendo tudo da melhor forma possível. Sucesso em novos caminhos.

EIHWAZ (+/-)

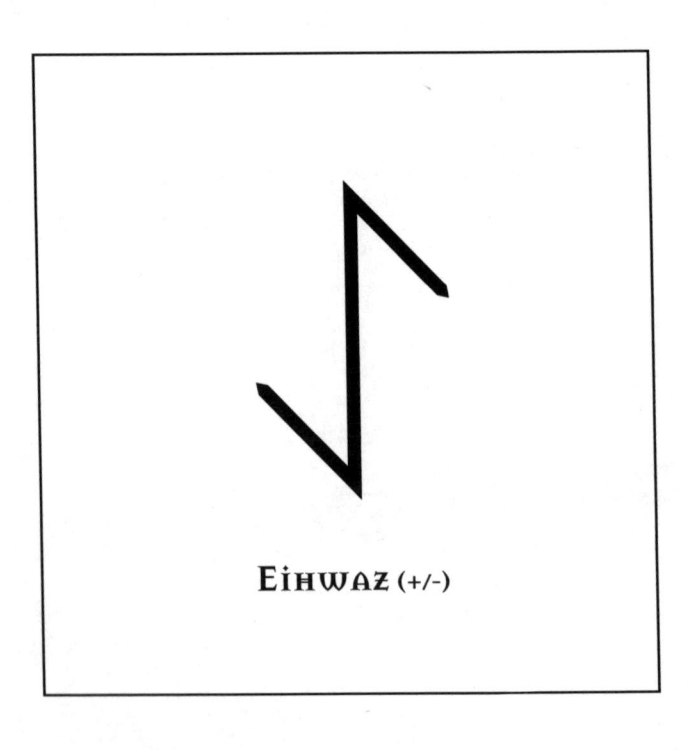

Alguns obstáculos existem para que possamos melhorar nossos planejamentos. A realização é garantida, a recompensa é certa, porém é tempo de espera, perseverança, prudência e tolerância. Sem esses predicados poderá ser difícil conseguir o que deseja. Talvez haja algo mais importante a ser resolvido antes. Pense a respeito. Paz.

A deusa Frigg diz:

"Não existe uma resposta, pois você está somente especulando."

Mannaz (+)

Este é um momento de grande crescimento: o tempo que precede o progresso. Porém, não é uma boa ocasião para se obter resultados imediatos, mas você encontra-se no caminho de possuí-los. Apenas tenha paciência para que a fortuna lhe acene. Portanto, a calma e a disciplina são fundamentais para se chegar onde deseja.

LAGUZ (Runa Encantada)

O deus Tyr revela:

"Para conseguir o
que deseja não
pode haver hesitações.
Avante, já!"

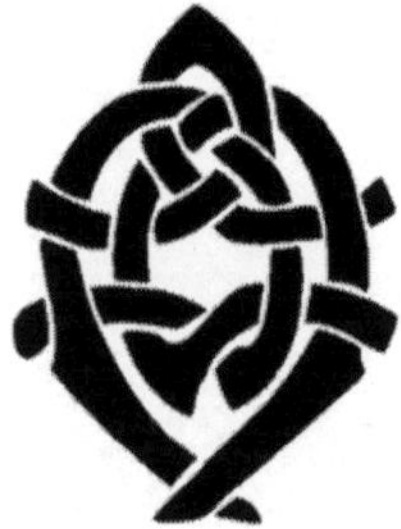

O deus Thor diz:

"Você formulou errada sua questão, tente de outra forma, seja mais objetivo."

PERTH (-)

Não repita os erros do passado, nem insista em velhas fórmulas para conseguir o que deseja. Os obstáculos existem para nos alertar onde estamos errando e de que forma devemos melhorar. Momento de aprendizado interior onde se deve ter a humildade em aceitar os resultados. Deve ter paciência, seguir em frente, apesar de todos os dissabores.

Raido (Runa Encantada)

O deus Freyr revela:

"A questão não é realizar,
mas buscar o autoconhecimento:
o que realmente você quer?"

URUZ (-)

Não se desespere com
a situação de enfraquecimento,
nem se detenha diante dos
obstáculos, pois não é
o momento para desanimar!
Novos caminhos surgem na medida
em que você se abre para eles.
Apenas tome cuidado para não ficar
remoendo o passado, porque a
esperança é a arma mais poderosa
para a sua vida neste momento.

Thurisaz (Runa Encantada)

O deus Freyr revela:

"Você vai conseguir,
mas é necessário refletir
sobre os resultados."

Кано (+)

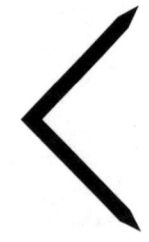

Agora você está preparado para receber as dádivas da vida, pois encontra-se livre de obstáculos antigos para alcançar novos objetivos. Sim, tudo pode ser pleno de realização. Porém, não se esqueça da reciprocidade e da compreensão. Momento de renovação, libertação e de autoconhecimento. Você quer, você pode. Vá em frente, seja feliz.

O

WYRD (+/-)

Momento espiritual em que só os anjos têm as respostas. Portanto, é bem provável que o que foi perguntado não possa ser realizado ou respondido. De qualquer forma, tudo tende a melhorar e a se renovar em sua vida. Tenha fé no ser superior, em Deus. Seja positivo em suas ações e busque fazer o melhor neste momento. Paz.

Nauthiz (-)

Não espere demais das situações ou das pessoas, pois somente você tem o poder de resolver seus problemas. A vida pode estar difícil, mas você tende a colocar mais obstáculos do que o necessário. Faça uma profunda reflexão do que deseja e observe atentamente a realidade. Neste momento é preciso ter muita fé, autoestima e autocontrole.
Seja sereno.

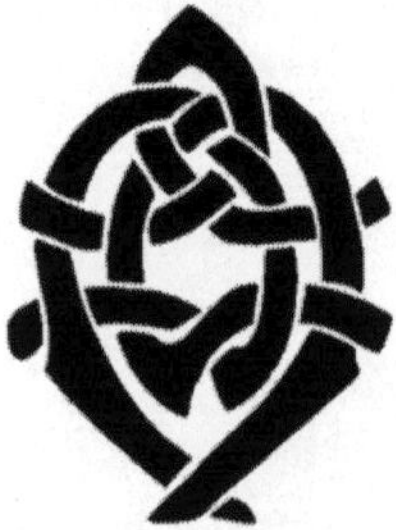

As deusas Urd, Verdandi e Skuld dizem:

"Não especule com o destino, pois ele pode ser muito cruel! Busque coisas mais relevantes para a sua vida."

FEHU (-)

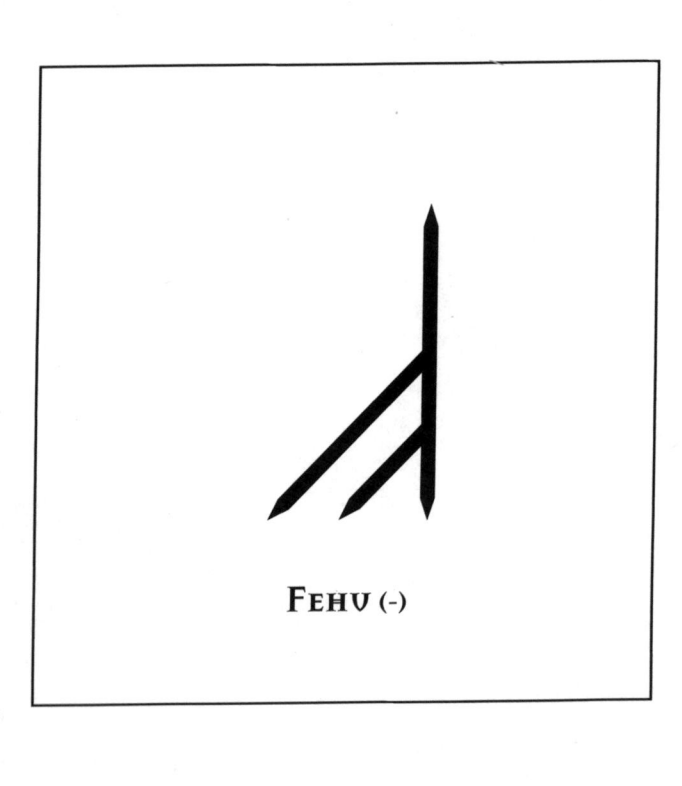

A vida lhe colocou nas mãos ótimas oportunidades e excelentes situações. Contudo, você as desperdiçou e agora as quer de volta. Bem, você deve aprender uma lição: querer é poder, mas nem sempre podemos. Busque o autocontrole, reavalie sua vida, seus planos, seu futuro e aprenda com seus próprios erros. Tente outro caminho e seja feliz.

BERKANA (Runa Encantada)

O deus Tyr revela:

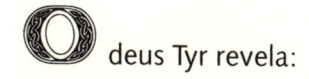

"A vitória está muito próxima, mas é necessário ter disciplina e coragem."

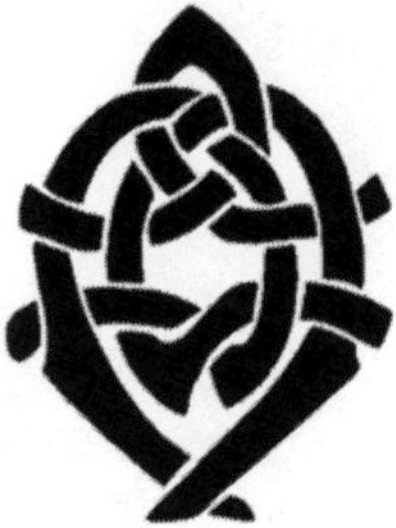

O soberano dos anões,
Dvalin, diz:

"Pergunte novamente,
mas já lhe dou boa sorte
e fortuna."

Wunjo (+)

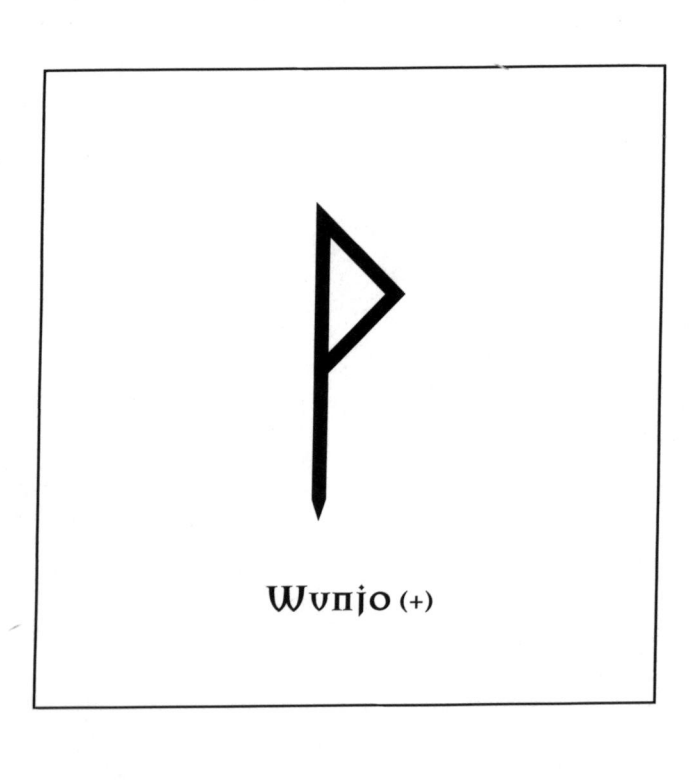

Alegria, alegria! Novos caminhos estão abertos, todos os planos e desejos são possíveis de realizar. Você possui a restauração da vida e a transmutação do conhecimento. Acredite, tudo mudará para melhor: sua alma, seu destino. Felicidade é o que lhe espera, siga em frente, confiante, abastecido de esperança.

EHWAZ (Runa Encantada)

O deus Tyr revela:

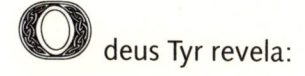

"Chegou a hora da mudança, com sucesso em breve. Vitória por caminhos novos."

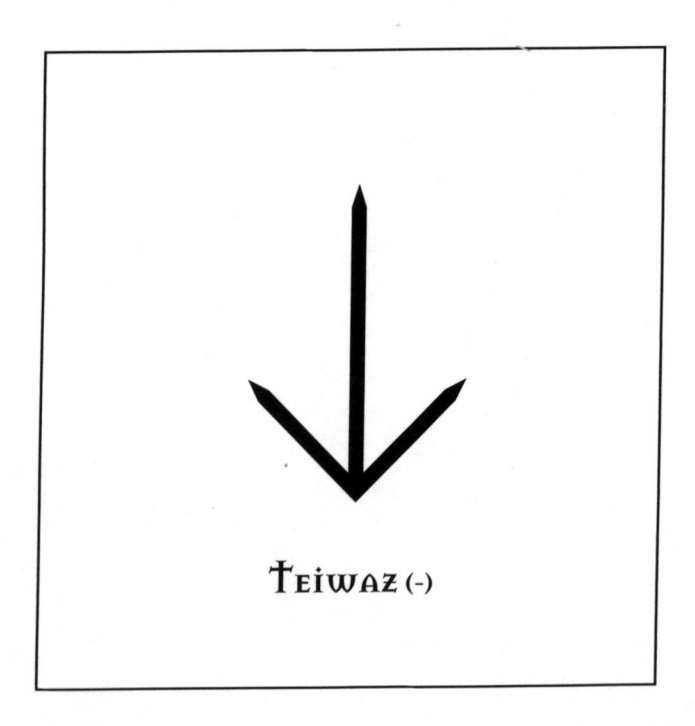

↓

Teiwaz (-)

Reconsidere seus desejos
e motivações, pois há pouca
praticidade em suas ações.
Também falta o amor-próprio, a
perseverança e a determinação.
Não desperdice seu tempo e
energia em situações que não são
importantes. Não insista, não
discuta, não se atormente,
não seja inoportuno. Seja
criativo, busque alternativas.

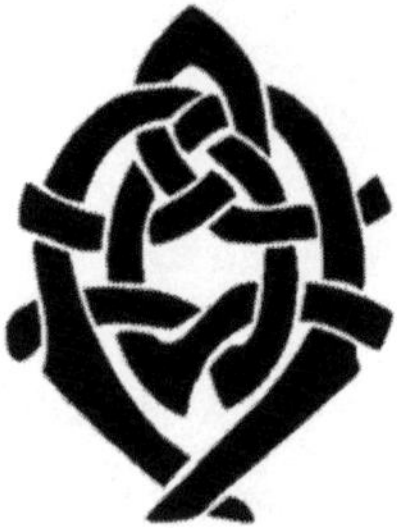

O deus Tivaz diz:

"Pergunte novamente.
A questão foi
mal formulada."

DAGAZ (Runa Encantada)

O deus Tyr revela:

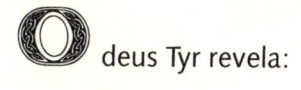

"Tudo irá se resolver
com sucesso.
Seja prudente."

Laguz (-)

Como você não seguiu sua intuição ou seus planos originais, perdeu a chance de realizar algo importante. Não devemos dar um passo maior que a nossa perna. Não se deve assumir um compromisso que não se possa cumprir. Bem, o que fazer então? Mude de plano, ideia, desejo ou tente outro caminho, outra situação.

Ïsa (Runa Encantada)

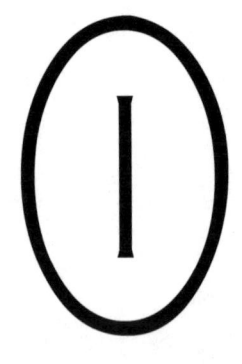

O deus Hagal revela:

"Não insista no que
não pode ter. Seja cauteloso
e mais inteligente."

Berkana (+)

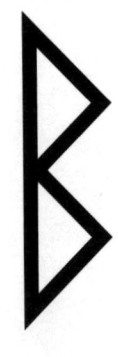

Crescimento e prosperidade acenam para você. Chegou o momento de reconstruir sua vida da melhor forma possível. Caminhos abertos, pessoas dispostas a ajudar e o universo espiritual conspirando ao seu favor. Sua alma está pronta para receber as dádivas que merece. Continue motivado e determinado que tudo acontecerá.

EHWAZ (+)

Tempos de mudança e transformação. Tudo tende a ser diferente, melhor e próspero. Se o que deseja for algo novo, diferente, os caminhos estão abertos e o progresso surgirá. Tudo o que deseja realizar será possível conquistar. Encare o futuro sem hesitações. Seja determinado, firme, forte, perseverante e, dessa forma, tudo dará certo.

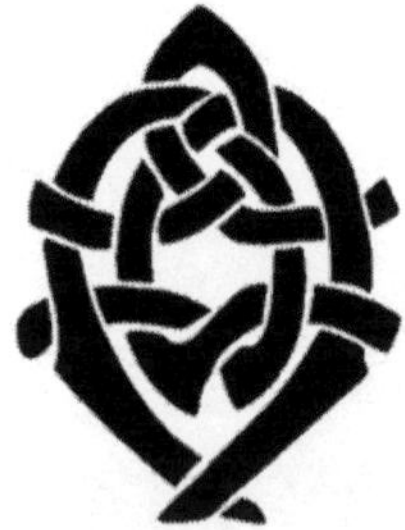

O deus Balder diz:

"O que você deseja
não pode ser revelado
agora. Tente jogar as runas
mais tarde."

Hagalaz (+/-)

Embora com alguns obstáculos, você tende a realizar o que almeja, mas não é o melhor caminho. Libertação, rompimento ou mudança dos planos seria o mais indicado neste momento. A busca de novos projetos é mais salutar e progressivo. Tente despertar dentro de si a criatividade da vida, ache uma nova saída e encontrará a felicidade.

Raido (+)

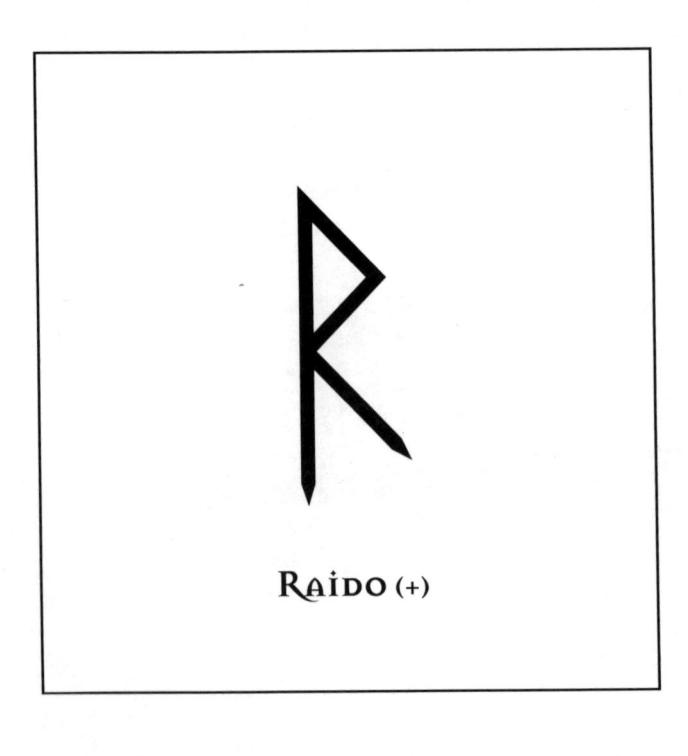

Siga em frente com seus projetos e desejos, pois tudo é satisfatório. Momento de autotransformação, consciência e maturidade emocional.
Não fique ansioso, deixe o destino fluir e as situações acontecerão naturalmente. Qualquer obstáculo ou bloqueio se dissolverá e tudo tende a se harmonizar. Tenha calma e siga sua intuição.

Mannaz (Runa Encantada)

O deus Odin revela:

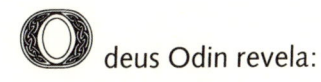

"Um novo destino
se abre para você.
Seja flexível e aceite a
prosperidade de uma
nova ordem."

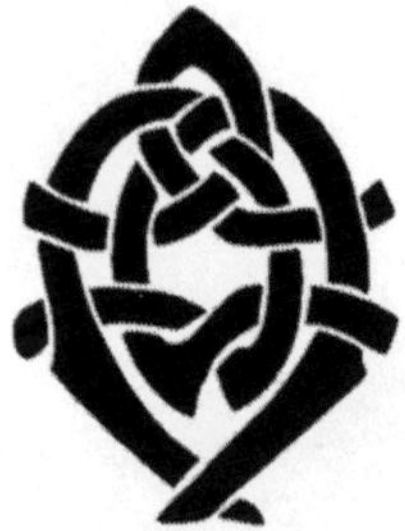

O gigante
Aegir diz:

"Reformule sua questão
e pergunte novamente."

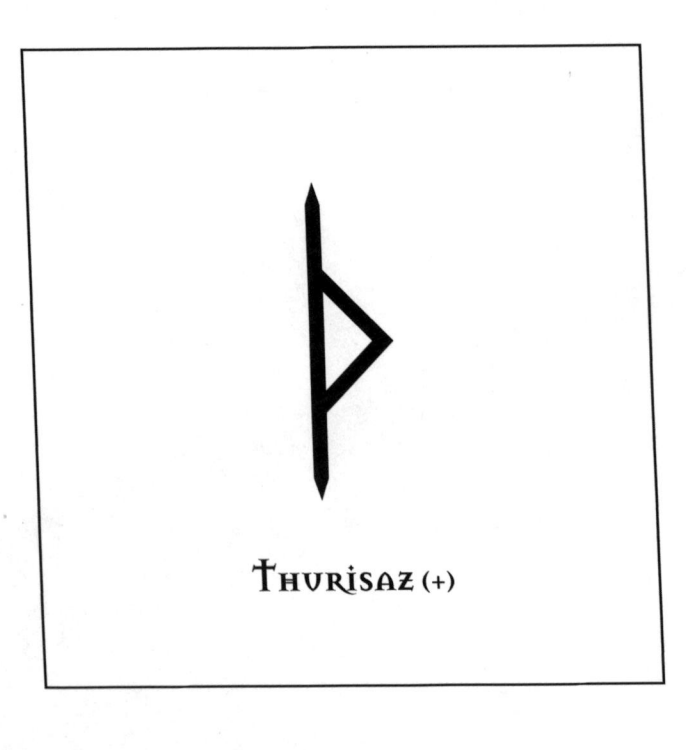

Thurisaz (+)

Podemos assegurar que os impedimentos e os obstáculos são transponíveis. Porém, você pode estar caminhando na direção errada. O melhor seria parar, não fazer mais nada, reavaliar seus planos e esperar novas chances e oportunidades. Que tal buscar a ajuda de alguém que possa lhe aconselhar? Acalme-se, reflita, medite.

Dagaz (+/-)

Todos os obstáculos e problemas irão se resolver da melhor forma possível. Você está entrando num período de muita sorte em sua vida e também de transformação, novos caminhos, novas conquistas e muito progresso. Período de proteção e ajuda espiritual onde tudo tende a se realizar. Deixe o destino agir, tenha calma. Apenas aceite o novo.

Ansuz (Runa Encantada)

O deus Freyr revela:

"O que procuras
está dentro de ti. Somente
tu tens a resposta."

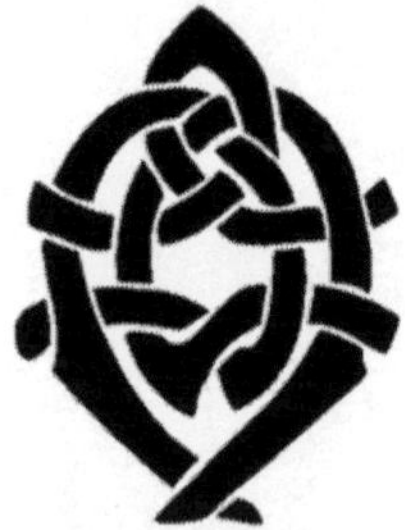

O deus Njord diz:

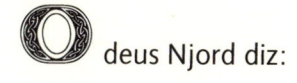

"Nada pode ser afirmado.
Tente novamente
depois de amanhã."

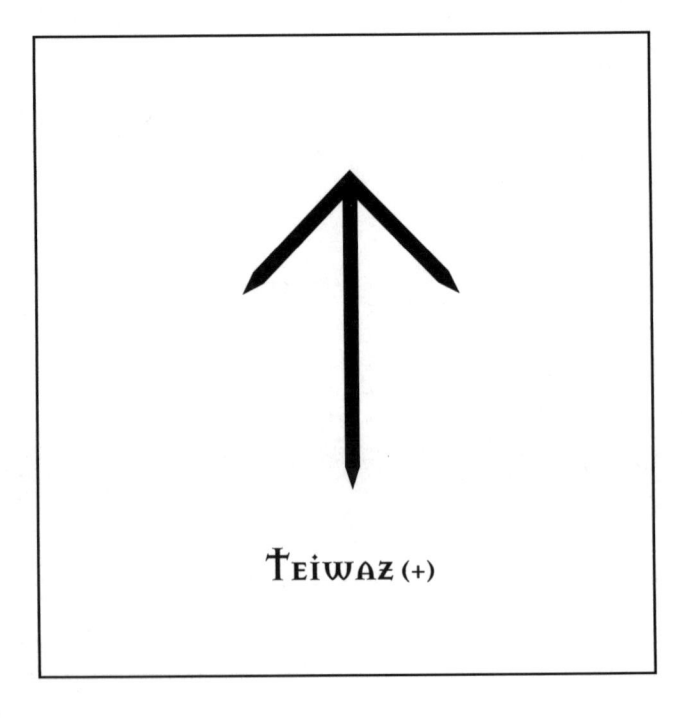

↑

Teiwaz (+)

Extrema ansiedade em conquistar ou obter algo que considera importante. Os caminhos estão abertos, mas as tarefas serão árduas. Planejamento, perseverança e força de vontade devem ser adicionados se quiser que tudo se realize. Contudo, leve um conselho: não desperdice seu tempo se você não percebe o mínimo de retorno da outra parte.

Ehwaz (-)

Seus desejos parecem ter sido bloqueados e, acredite, será melhor para você. Não se desespere e considere friamente se toda essa situação é realmente apropriada. Neste momento deve-se reavaliar tudo, rever os planejamentos e buscar novas alternativas para o que se deseja. Tenha paciência que em breve tudo estará melhor em seu destino.

ALGIZ (-)

Atenção consigo mesmo, pois é o seu destino que está em jogo. Você sabe que a situação é complicada e que é difícil mudar. Não tenha ilusões de que poderá, sozinho, alterar o rumo das coisas. Contudo, tenha consciência de suas decisões para depois não dizer que a "outra parte" não colaborou. Se quiser realizar, é só ir em frente.

PERTH (Runa Encantada)

O deus Hagal revela:

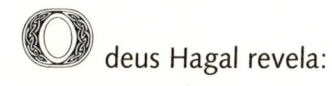

"Busque sua luz interior e
sua autoestima
antes de qualquer coisa."

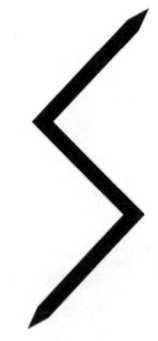

Sowelu (+/-)

Sorte, sorte, sorte.
Felicidade e progresso são
o que lhe aguardam!
Caminho aberto, proteção
divina, ajuda de todos. O que
você quer é o que o destino deseja.
Siga em frente, seja confiante,
não tema, acredite em você, não
pense em coisas negativas, tenha fé!
Enfim, a plenitude o espera. Sucesso,
sucesso, sucesso... e mais felicidade.

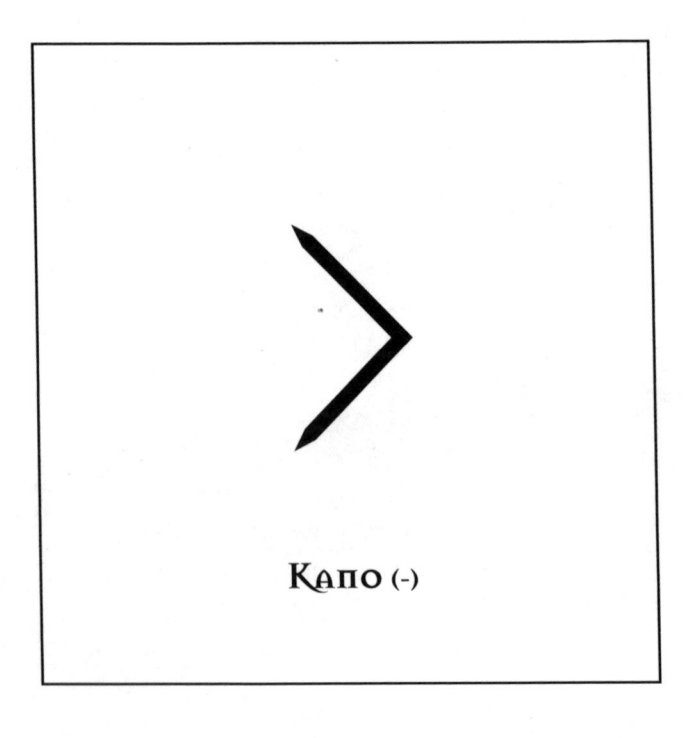

Капо (-)

Há urgência em se
preparar para algum obstáculo,
pois as situações em geral
não predizem bons resultados.
Nem tudo na vida é só ganhar,
também existe a finalização,
o término, a inércia. O que deseja
neste momento não será possível.
Reveja todos os seus conceitos,
ideias e desejos. Medite, busque
a transcendência.

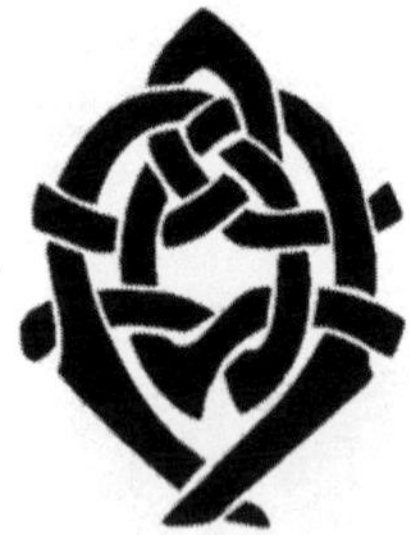

O deus
Heimdal diz:

"Tente jogar as runas mais tarde que a resposta será fornecida."

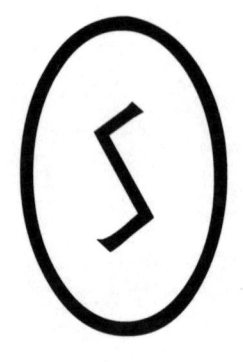

SOWELU (Runa Encantada)

O deus Hagal revela:

"Tudo está a seu favor.
Sinta-se abençoado.
Boa sorte."

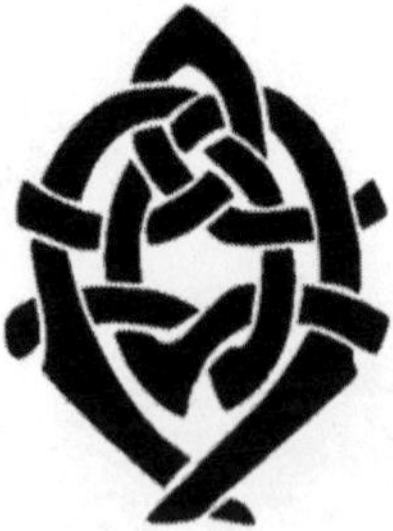

O deus Odin diz:

"Jogue as runas
numa outra hora,
não há resposta."

𝐏oderoso Odin,
obrigado pelas
respostas e pela
sua luz.

O autor

Nei Naiff

Tarólogo, terapeuta e escritor, destaca-se entre os melhores instrutores da área holística.

Obras publicadas:
Consulte as runas, Ed. Best*Seller*.
Consulte o I Ching, Ed. Best*Seller*.
Consulte o tarô, Ed. Best*Seller*.
Curso completo de tarô, Ed. Nova Era.
Curso completo de terapia holística e complementar, Ed. Best*Seller*.

Florais do mundo, Ed. Nova Era.
Onde está minha felicidade?, Ed. Nova Era.
Tarô, carma e numerologia, Ed. Nova Era.
Tarô, simbologia e ocultismo, Ed. Best*Seller*.
Tarô, oráculo e métodos, Ed. Best*Seller*.
Tarô, vida e destino, Ed. Best*Seller*.

Revisão técnica:
Aromaterapia para o amor, Tara Fellner, Ed. Nova Era.
Velas: magia e ritual, J. Conway, Ed. Nova Era.
Pêndulos: magia e ritual, J. Conway, Ed. Nova Era.
Altar: magia e ritual, J. Conway, Ed. Nova Era.
Guia completo do cristal, Uma Silbey, Ed. Nova Era.

Contato:
Internet: http://www.neinaiff.com
E-mail: livro@neinaiff.com

Caixa Postal 40.096
Rio de Janeiro — RJ
CEP 20270-970

Este livro foi composto na tipologia
Humanist 531Bt, em corpo 10/14,
e impresso em papel off-white 90g/m² no
Sistema Digital Instant Duplex da Divisão
Gráfica da Distribuidora Record.